EXAMEN

RAISONNÉ
DU PLAN D'IMPOSITION
ÉCONOMIQUE,
OU
RÉFLEXIONS CRITIQUES
SUR L'ADMINISTRATION
DES FINANCES.

Par M. GUYÉTAND.

Prix trente fols.

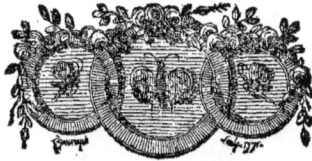

EXAMEN RAISONNÉ

DU PLAN D'IMPOSITION

ÉCONOMIQUE,

O U

RÉFLEXIONS CRITIQUES

SUR L'ADMINISTRATION

DES FINANCES.

DANS un fiècle où l'on a tant écrit fur l'adminiftration des Finances, & où les Finances ont fouffert tant de dépé- riffement, il femble qu'il y ait de la témérité de préfenter encore un nouveau plan fur cet objet, & une forte de pré- fomption d'en attendre un meilleur fruit. Mais tout ce qui intéreffe le bonheur de la Nation & le fort des Citoyens, ne fauroit être trop difcuté. Ce n'eft qu'à l'aide des lumières

A

que le fruit de nos préjugés le cédera à celui de la raifon; & le Citoyen François, brûlant d'enthoufiafme pour fa Patrie, & d'amour pour fon Roi, ne fe laffera jamais de confacrer fes travaux à l'utilité publique.

Il eft réfervé à la fageffe du nouveau Maître que le Ciel nous a donné, d'opérer une heureufe révolution. S'annonçant à fes Peuples par fes bienfaits, & faififfant tous les moyens de rendre l'Etat floriffant & fon règne glorieux, il s'acquiert chaque jour un nouveau droit fur nos cœurs; & la bafe de fon Empire, pofée par les mains de la Juftice, eft affermie à jamais par celles de la Reconnoiffance.

Le nouveau Miniftre que le Roi a placé à la tête des Finances, voulant porter l'efprit d'économie dans toutes les branches de fon adminiftration, & la réforme dans tous les abus, aime à confulter le defir de la Nation fur les moyens d'y parvenir. Des vues auffi grandes, auffi juftes dans le Miniftre, encouragent les Spéculateurs à réunir leurs connoiffances, à comparer leurs fentimens. C'eft du choc de toutes les opinions qu'il veut tirer un fillon de lumière; & la vérité, de quelque part qu'elle vienne, eft également chère à fes yeux.

Un Citoyen, dont le zèle patriotique eft digne de tous les éloges, vient de mettre au jour un nouveau *Plan d'Impofition Économique.* Au feul cri de réforme dans l'adminiftration des Finances, le Public a faifi ce plan avec avidité, & l'a lu avec une forte d'enthoufiafme. Il eft bien jufte que le principal objet de réforme excite la plus vive fenfation; & j'applaudis, avec mes Concitoyens, aux vues d'utilité publique que l'Auteur a fu donner à fon Ouvrage.

Mais M. Richard, en deffinant un *Plan d'Impofition,* a-t-il rempli exactement le quadre qu'il nous annonce? A-t-il peint la France telle qu'elle est? Le portrait qu'il nous en donne, est-il tracé avec cette justesse, cet ensemble lumineux qui frappe par ses traits de ressemblance, cette unité de couleurs qui saisit ceux mêmes qui voudroient ne pas la reconnoître? Les principes de l'Auteur sont-ils sûrs? La *machine* de l'Etat, remontée d'après ses idées, iroit-elle *sans frottement*; & son *Plan*, en dernière analyse, est-il véritablement *Économique?* C'est ce que je vais examiner. Je suivrai sa marche, ses raisonnemens, ses calculs & ses produits. Hâtons-nous: la cause que je défends, est celle de la Nation; mes Concitoyens sont mes Juges; mon zèle fera mon éloquence.

LES OBJETS d'impôts les moins onéreux ne sont pas la *Taille réelle* & un *droit de franchise* sur les denrées que l'on consomme; car le luxe est un objet d'impôt moins onéreux encore.

Ces termes, *droit de franchise*, qui disent la même chose qu'*impôt de franchise*, sont des termes abusifs. C'est comme si l'Auteur nous disoit: Vous payerez un droit pour être francs de tout droit. Il reste à examiner si un droit sur les consommations, est un droit bien raisonné.

Une grande partie des Sujets de l'Etat, cotisés dans leur classe, auroient à se plaindre de l'imposition, quoiqu'elle feroit inférieure aux sommes qu'ils paient actuellement sur leurs consommations; car tout impôt sur les consommations de première nécessité, aggrave à chaque instant le sort du Citoyen, met des entraves à son travail, & restreint le commerce.

Si la perception doit encore exiger *deux* fous pour livre, elle eft bien loin d'être *économique*; car fur les revenus du Roi, que l'Auteur fait monter à *huit cents millions*, elle iroit encore à *quatre-vingts millions*. Comment ce premier coup d'œil n'a-t-il pas effrayé un homme qui veut fimplifier les frais, & porter la régie au dernier degré de perfection? Eft-ce donc une vérité inconteftable, qu'il faille que certains Sujets du Roi gagnent *dix* pour *cent* fur ce que la partie la plus laborieufe de l'Etat lui paie pour le foutien de fa Couronne?

Le Miniftère a déjà fenti fans doute *combien il feroit intéreffant d'affimiler tous les Sujets du Roi à une perception uniforme.* Ce mot, *fans doute*, accufe le Miniftère. Il a certainement fenti, dans tous les temps, le vice de l'adminiftration & de la régie; mais l'état de la France n'a pas encore permis de mettre en œuvre les moyens d'y remédier.

De plus, *affimiler tous les Sujets du Roi à une perception uniforme* exprime directement le contraire que *rendre les riches coopérans au foulagement des pauvres;* car la perception *uniforme* exprime que *l'on perçoit également fur tous les Sujets du Roi;* & rendre les riches *coopérans au foulagement des pauvres*, exprime qu'on ne perçoit pas également fur tous les Sujets du Roi, puifqu'on perçoit plus fur les riches que fur les pauvres.

D'où l'Auteur fait-il que le nombre des Sujets du Royaume eft *au moins de dix-huit millions?* Il auroit affez fait, s'il avoit feulement indiqué un moyen fûr de le favoir.

Que faut-il entendre en lifant qu'on veut *pourvoir aux inconvéniens d'une perception arbitraire, en augmentant la quote au prorata de la confommation?* On veut donc empirer l'état des chofes ; car le but d'un *plan* dit *économique* , doit être de pourvoir aux inconvéniens, en *diminuant* la quote : on eft du moins cenfé avoir ce motif.

D'ailleurs, pour éviter les inconvéniens du fyftême d'impofition actuel, un *plan* doit fimplifier les perceptions, & affurer les produits, en veillant aux droits refpectifs entre le Prince & les Sujets : malheureufement celui du nouvel Economifte ne fait ni l'un , ni l'autre.

Il n'eft point *facile au Miniftre de fe faire repréfenter , par les principaux Officiers des Villes ou par les Receveurs des tailles de chaque Election , un état certifié & approfondi de la fortune de chaque Particulier dans l'étendue de fa charge.* Si malgré les regiftres des vivans & des morts qui font entre les mains des Curés, dans toute l'étendue de la France , & malgré la rigueur des Ordonnances fur les plus fimples erreurs commifes dans cette matière, on n'eft pas encore parvenu à favoir, à *trois* ou *quatre millions* près, le nombre des Habitans de la Nation. Comment feroit-il *facile* de procurer au Miniftre un état *approfondi* de la fortune de chaque Particulier , *dans l'étendue de fa charge?* Comme l'Auteur admet *fept millions* & tant de Sujets impofables , il faudroit que l'*Atlas* du Contrôleur Général contînt *fept millions* & tant d'états *approfondis*. Quel immenfe chaos pour fervir de bafe à un *plan économique !* L'Auteur ne fait-il pas que l'état du Citoyen varie de jour en jour ; que les fortunes éprouvent une fluctuation continuelle, par la perte ou le gain des procès, par les avantages ou les cataftrophes du commerce , par les faifies & les revers de la fociété, par les fraudes & les malverfations en tout genre, par les morts, les incendies , les accidens imprévus, &c,

&c. ? L'état *approfondi* d'un jour ne feroit donc jamais le même que l'état *approfondi* du jour fuivant ; & comme chaque année il arrive qu'au moins *un cinquième* des Citoyens éprouve, du changement dans leur fortune, il y auroit chaque année au moins *un cinquième* d'erreur dans la fomme des états *approfondis* & par conféquent dans le produit du *Plan Économique*.

Seroit-il *facile de faire la répartition, & de claffer les Citoyens, comme ils doivent l'être ?* Pour cet effet, il faudroit connoître l'état de leurs fortunes ; il faudroit que ces fortunes fuffent fixes ; il faudroit que les Répartiteurs & *Claffeurs* des Citoyens fuffent auffi juftes que la Loi ; il faudroit que les hommes fuffent fans fraude, & leurs calculs fans erreur ; il faudroit que les inconvéniens qu'on veut éviter, fuffent évités.

Dans tous ces moyens donnés comme *faciles*, le Calculateur-politique n'apperçoit qu'un enchaînement d'inconvéniens, d'incertitudes & de poffibilités funeftes, dont l'intervention ruineroit la Nation entière.

L'Auteur n'a pu s'empêcher de fentir combien il étoit difficile de mettre en jeu la *machine* dont il nous a tracé le *plan*. Il apperçoit d'abord une efpèce de vuide dans la perception. Pour l'éviter, il *exige d'avance un quartier des droits de la nouvelle impofition*. Mais fuffit-il de nous affurer que *perfonne ne s'y refufera ?* Suffit-il, pour procurer cette avance à l'état, de faire *regiftrer au Parlement l'Edit de création*, & de faire *fentir les raifons qui y déterminent le Roi ?* Sur le pied du nouveau *plan*, ce quartier feroit de plus de 100 *millions* ; & il faudroit que les Sujets du Roi, outre la taille annuelle du fyftème préfent, avançaffent encore

un tel produit. Ce coup feul feroit capable de jeter la Nation dans une crife violente ; & l'Auteur devroit craindre
qu'une telle fecouffe, en rompant l'ancien état des chofes,
ne rompit en même temps la bafe de l'équilibre qu'il veut
rétablir.

Mais en fe prêtant, pour un moment, aux idées de
l'Auteur, quel vuide pourroit-il y avoir dans la perception ;
puifque dans le changement de fyftème, les Sujets ne cef-
feroient de payer, ni le Roi de percevoir ? N'eût-il pas été
plus fimple de dire que le *plan* de la nouvelle impofition
étant annoncé pour commencer à tel jour, l'impofition,
préfente changeroit de forme à cette époque ; & que de
cette forte la perception fe feroit fans altération.

En voyant les petits moyens que l'Auteur met en œuvre,
pour produire de fi grandes chofes, ne feroit-il pas jufte
de le comparer à un Architecte vifionnaire, qui voulant fe
bâtir une maifon, raifonneroit ainfi : « Il me faut 800
» pierres de taille pour ma maifon ; je vois à peu près d'où
» j'en pourrai tirer *fix* ou *douze* : bon ! le refte eft peu de
» chofe ; je tiens ma maifon pour bâtie. Deffinons la coupe
» de toutes les pierres, & demain je ferai logé à mon aife.

Je vois M. Richard mettre *trois millions* de Sujets du
Roi à contribution, pour en tirer un produit de *douze
millions* pour l'Etat ; & pour s'affurer cette fomme, qui doit
faire la pierre fondamentale de fon édifice, il en conftitue
débiteurs *trois millions* de Journaliers & de Domeftiques,
fans biens. Alors en *fuivant*, dit-il, *la gradation depuis la
première jufqu'à la dernière claffe*, on verra que le calcul
eft jufte ; d'où il conclud qu'en *adoptant ce projet*, dont il
a fi bien deffiné le *plan*, *on procure au Roi un revenu*

double. Voilà précisément le nœud de la difficulté qu'il fal-loit délier ; voilà le dernier *produit,* dont on lui demande de bien conftater la réalité des *Facteurs.*

L'Auteur avance qu'il y a dans le Royaume *quatre-vingt-sept mille* hommes de robe. Il admet *six cents mille* Négo-cians en gros ; & il ne fait monter la claffe des Cultivateurs qu'à *onze cents mille* hommes, quoiqu'elle forme la moitié la plus nombreuse de la Nation. Eft-ce fur de pareilles hypothèfes qu'il faut affeoir un *plan économique ?* Ne falloit-il pas d'abord s'affurer du nombre des Sujets, avant de calculer le produit qui doit en réfulter ; & non pas fuppofer le produit qu'on veut en faire réfulter, pour voir enfuite comment il faut calculer le nombre des Sujets ?

Tout le fondement de l'Auteur eft donc cette divifion des claffes qu'il veut établir, comme néceffaire à l'*économie* de l'adminiftration, & au bonheur de l'Etat. C'eft au génie du Miniftre à prononcer fi le bonheur de l'Etat, confidéré comme tel, peut réfulter d'une telle innovation ; & fi un tel *plan* n'eft pas directement contraire aux intérêts du Trône. Sans chercher à pénétrer les principes qui font le fondement de l'autorité Royale, je dirai que la répartition des Citoyens par claffes, avec la taille proportionnelle à la *quantité* & à *l'état* des Sujets, feroit le *plan* d'une véritable République ; & qu'en l'admettant dans un Royaume, il feroit à craindre que l'autorité Royale ne perdît immenfé-ment de fon pouvoir, & que le Sujet n'en voyant pas di-rectement l'influence en bien, & rien à redouter, ne fentît pas affez la domination du Sceptre. Ce *Plan* ne laiffe, pour ainfi dire, au Roi que la haute police de l'Etat ; & il femble que l'Auteur n'a pas envifagé la chofe dans le véritable

efprit

esprit des loix. Tant que la France sera Monarchie, (les vœux d'un bon François font qu'elle le soit à jamais) les Sujets du Roi ne peuvent & ne doivent point être classés ; parce que le principe de la Monarchie, qui est *l'honneur*, est renversé par l'établissement des classes, qui établit la *liberté*, & forme le principe des Républiques. Cette idée, que je ne fais qu'indiquer, mérite d'être approfondie. C'est-là qu'on trouvera le fond des raisons majeures qui excluent l'adoption du *Plan Économique*.

OBSERVATIONS SUR LE DROIT DE FRANCHISE.

J'aimerois à voir toutes les choses en beau, comme l'Auteur, & à me figurer que tout va prendre une face nouvelle, si les moyens qu'il donne étoient plus simples, & ses principes plus justes : mais je ne puis me dissimuler qu'un impôt relatif aux consommations, tend à empêcher les consommations, à décourager l'agriculture, à ruiner l'industrie ; qu'une taille personnelle sur une classe d'hommes qu'on suppose *sans biens*, seroit propre à occasionner des émigrations ; & je craindrois, avec quelque fondement, que cette foule de Sujets, qui font la population & le soutien de l'Etat, ne sentissent trop tard qu'en voulant alléger leur *chaîne*, on a tiré un mauvais fruit de la bonté de leur Maître, & du génie de ses Ministres.

Je sais qu'il n'est pas impossible de changer le système actuel des Finances ; mais la manière en doit être sûre & bien déterminée. Ce ne doit jamais être tout d'un coup ; mais

B

fucceffivement & par partie. Il n'en eft pas d'un grand
Royaume, comme de la maifon d'un Particulier, où, du
matin au foir, le Maître peut faire quel changement il veut.
Ici, c'eft une partie de la Nation qui échange fes fonctions
& fon état contre l'autre partie; c'eft un conflit d'intérêts mu-
tuels, qu'il eft dangereux d'exciter, difficile de faifir, &
impoffible d'accorder.

Portons les yeux au temps où vivoit le Cardinal de Ri-
chelieu. Il voyoit l'indépendance des grands Vaffaux de la
Couronne prefqu'établie, les Peuples prefque efclaves, le
Prince prefque fans puiffance. Il falloit abaiffer les uns, élever
les autres; lier tous les Sujets à l'Etat par l'avantage que
l'Etat procure à tous les Sujets, & produire le bonheur de
la Nation, en affermiffant les fondemens de la Monarchie.
Si le Miniftre s'étoit contenté de faire un règlement, par lequel les grandsSeigneurs feroient les premiersSujets duRoi;par
lequel ils quitteroient les campagnes, démantelleroient leurs
châteaux, viendroient dans la Capitale & à la Cour fe plier
aux volontés de leur Maître légitime; s'il avoit établi par ce
règlement que le Peuple ne feroit plus rançonué par les Seigneurs; qu'il ne payeroit de tribut qu'à l'Etat; qu'il ne tra-
vailleroit que pour lui, & qu'il feroit libre fous le bouclier
des loix: un tel Edit eût beau être regiftré en Parlement,
bien raifonné, bien motivé, & bien digne de Louis-le-Jufte;
la France retomboit dans l'horreur des guerres civiles; l'Etat
éprouvoit un contre-coup en fens contraire; & l'autorité
Royale étoit peut-être anéantie. Que fit donc ce grand Miniftre, pour opérer cette révolution mémorable, dont nous
goûtons encore les avantages? Au lieu de décompofer la
machine, pour la remonter fur un nouveau *plan*, il en chan-
gea les pièces, une à une; & par une fucceffion lente

& non interrompue d'opérations, il l'affermit fur de nouveaux fondemens. Voilà l'image du changement qu'on doit faire dans les Finances, & la route que doit fuivre le Miniſtère nouveau, pour atteindre fûrement au but qu'il ſe propoſe.

Revenons à l'Auteur. Dans un vaſte Royaume, comme la France, ce ne feroit point aſſez d'établir huit claſſes entre les Citoyens; parce qu'entre nos fortunes, il y a des nuances de gradation ſi inſenſibles, & des différences ſi peu marquées, que l'établiſſement des claſſes ſuppoſant néceſſairement des diſparités réelles, il n'y auroit à leur véritable place, que ceux qui feroient au milieu d'une claſſe; & ceux qui en occuperoient les extrèmes, feroient fans ceſſe, les uns dans la criſe, les autres dans l'inertie, & la *machine* entière dans un état à ne pas réſiſter.

Par exemple; il eſt conſtant que dans la troiſième claſſe feront compris des Sujets qui auront *ſoixante* livres de revenu du produit de leurs terres, & d'autres Sujets qui auront juſqu'à *ſix mille* livres; ce qui fait le rapport de *un à cent* entre les extrèmes de cette claſſe : car il y a des milliers de Payſans qui, avec deux bœufs & une charrue, cultivent un héritage, dont le produit ne rend pas au delà de *ſoixante* livres; comme il y a un très-grand nombre de Propriétaires-Cultivateurs qui, avec *trois* charrues, & ſouvent moins, font valoir un héritage de plus de *ſix mille* livres de revenu. Or l'Auteur impoſe aux premiers un *droit de franchiſe* de *dix-huit* livres par tête, & aux derniers un droit de *cent-vingt* livres. Mais, comme il veut qu'on ſuive la gradation *proportionnellement à l'état de chacun*, je trouve que ſi les premiers paient *dix-huit* livres, les derniers devroient payer *dix-huit cent* livres, puisque le rapport de leur état est comme *un* à *cent* : ce qui est bien différent du calcul *proportionnel* de l'Auteur. Que faudroit-il donc pour que les sommes *dix-huit* livres & *cent-vingt* livres fussent *proportionnelles* à l'état des Cultivateurs ? Comme le nombre *cent-vingt* contient moins de *sept fois* le nombre *dix-huit*, il faudroit qu'il fut vrai de dire qu'aucun Cultivateur en France n'a *sept fois* plus de bien qu'un autre : ce qui est évidemment faux, & démenti par l'expérience habituelle de tous les François. On voit donc que le *droit de franchise*, calculé selon l'Auteur, loin de rendre les riches *coopérans au soulagement des pauvres*, rend au contraire les pauvres *coopérans* au soulagement des riches. Voilà comment les uns seroient toujours dans la crise, & les autres toujours dans l'inertie. Quelle *économie !*

Veut-on un calcul qui fournisse une disparité plus frappante ? Le voici : Il y a des Particuliers en France, parmi les gens du premier rang & les plus fortunés, qui jouissent au moins de 300 *mille* livres de revenus; & ceux-ci, compris dans la dernière classe, sont taxés par l'Auteur *Économique*, à 500 liv. de *Droit de franchise*. Or, en déduisant l'imposition des Sujets de chaque classe, *proportionnellement à l'état de chacun*, il faudroit que ceux de la première classe, qui sont taxés à 3 liv. eussent 1800 liv. de revenus ; (c'est la proportion : 500 liv. *est à* 3 liv. *comme* 300000 liv. *est à* 1800 liv.) Mais l'Auteur suppose *sans biens* ceux qui doivent payer 3 liv. donc il n'y a point de proportion d'où il puisse conclure que les plus riches ne doivent payer que 500 liv. Il est donc démontré que son calcul du *Droit de franchise*, suivant la gradation des claffes, eft directement *difproportionnel* à l'état de chacun; & que la diftinction qu'il met entre les claffes, eft tout-à-fait deftituée de fondement.

D'ailleurs, fi l'on juge de la claffe à laquelle doit appartenir un Citoyen, par l'état *approfondi* de fa fortune; le *Droit de franchife* eft alors eftimé au *prorata* de la taille réelle; & les Journaliers & Domeftiques *fans biens*, en font fouftraits; ce qui détruit la première claffe, & par conféquent *douze millions* du produit de l'Auteur. Si l'on en juge à raifon des confommations en denrées: quel fera le terme de comparaifon, le module, l'unité dont il faut fe fervir pour eftimer le rapport des confommations refpectives entre les Citoyens? Comme l'Auteur taxe la confommation d'un Journalier *fans biens* à 3 liv. d'où a-t-il déduit que celle des gens *les plus fortunés*, ne doit être taxée qu'à 500 livres? Il faudroit, pour que le rapport de ces taxes fût *proportionnel* aux confommations, que le plus riche Seigneur de la France, n'abforbât pas plus en confommations, que *cent foixante-fix* Journaliers *fans biens*. C'eft peu connoître le luxe des mets qui furchargent les tables de nos Seigneurs, que d'admettre une telle conféquence.

OBSERVATIONS SUR LA TAILLE RÉELLE.

LA plus jufte impofition, & la première qui doit avoir lieu dans une Monarchie, eft celle fur les biens-fonds; parce que l'Etat qui veille à la confervation de toutes les fortunes, intéreſſe plus le riche que le pauvre : le premier doit donc payer plus que le ſecond.

Il n'en ſeroit pas tout-à-fait ainſi dans une République où chaque Citoyen paie, moins pour conſerver le *ſien*, que pour conſerver ſon droit de *liberté*, qui eſt le principe Républicain ; & où le pauvre, en qualité de Citoyen, a autant intérêt que le riche, à ſe conſerver indépendant d'un Maître. En France, & dans toute Monarchie bien conſtituée, où le principe du gouvernement eſt *l'honneur*, comme ce principe ne ſauroit être par lui-même le mobile d'un impôt, il arrive que l'on ne paie impoſition que pour recevoir la protection de l'Etat & jouir de ſes avantages. Or, cette protection & ces avantages nous intéreſſent en raiſon de nos biens-fonds & de nos fortunes : l'impoſition ſur les biens-fonds, eſt donc la première & la plus juſte.

Tout bon Réglement, tout *Plan Économique*, ne doit être relatif qu'à deux choſes ; à la manière de faire cette impoſition, & à la manière de la percevoir.

Quant au premier article, la taille réelle eſt beaucoup trop forte, ſi on la fait aller à 4 ſ. pour livre du revenu des biens-fonds en valeur, quoiqu'elle aille bien au-delà dans l'état actuel des choſes ; car une impoſition de 4 ſ. pour livre, fait le *cinquième* des revenus du Royaume entier. Or, dans un temps de paix & dans les années d'abondance, les dépenſes néceſſaires de l'Etat, ne doivent pas abſorber le *cinquième* de ſes productions. Quel eſt le grand Seigneur qui, ayant un revenu de 500 *mille* livres, conſentiroit d'en verſer 100 *mille* dans les coffres du Roi ? Je ne parle pas du pauvre, parce qu'on trouve toujours la façon de le faire payer, & que c'est son industrie qui féconde l'Etat, tandis que son bras le défend.

Il est juste aussi que la taille réelle s'étende sur les biens fonds de toute nature. Mais je ne vois pas pourquoi les rentes sur l'Hôtel-de-Ville de Paris & autres; les constitutions de Particuliers à Particuliers, sans exception, seroient seulement taxées à 2 s. pour livre. Si on impose les rentes à un moindre taux que les biens-fonds, c'est induire les Propriétaires des biens-fonds, à les convertir en rentes, pour se souftraire à la moitié de l'imposition des tailles ; tandis qu'au contraire un *Plan* bien raisonné, doit porter à convertir les rentes en biens-fonds.

Je vois encore moins pourquoi il faudroit imposer les biens du Clergé *à moitié* des autres, ou bien les souftraire tout-à-fait à l'imposition. N'a-t-on pas assez prouvé dans ce siècle, que tout Eccléfiaftique est Sujet du Roi & membre de l'Etat; qu'il jouit de sa protection & de ses avantages, & qu'il doit, en cette qualité, coopérer aux dépenses de l'Etat ?

Les rôles des Tailles & ceux des Vingtièmes, suffifent-ils pour asseoir la nouvelle imposition ? La manière dont ces rôles font faits, n'est-elle pas elle-même un objet de réforme dans nombre de nos Provinces ? Et en supposant ces rôles proportionnels aux fortunes des Particuliers, n'est-ce pas adopter une erreur ancienne pour la faire servir de base à un fyftême nouveau ?

Il importe sur-tout de bien sentir que la taille réelle, en affectant tous les biens-fonds, doit être relative à la *quantité* & à la *qualité* de ces fonds; c'est-à-dire, qu'un terroir excellent qui, de sa nature, produit des fruits comeftibles de toute efpèce, doit plus coopérer au produit des impôts, qu'un fol aride & pierreux, qui n'en produit qu'une foible partie. Or, c'eft un point où il y aura long-temps un abus confidérable; car les Répartiteurs ont égard à la *quantité*, c'eft-à-dire, à l'étendue de la furface du terrein; & non pas à fa *qualité*, ou à la nature de fes productions.

J'ai vu des Hameaux où le Roi perçoit annuellement par la totalité des tailles, les *deux tiers* du produit des terres. Le Décimateur Eccléfiaftique, qui eft l'Evêque, perçoit fur l'autre *tiers* le *dixième* du même produit. Le Curé, par un droit qu'il appele fa *moiffon*, perçoit encore environ un *cinquantième* dans ce produit; ce qui fait en tout une perception de $\frac{17}{23}$ du produit de la récolte annuelle. Et fi la grêle, la gelée, la fécherefie, ou les inondations ruinent feulement *un vingtième* des efpérances du Laboureuf; il ne lui refte guères plus du *fixième* du produit de fa moiffon, fur quoi il faut encore prélever la femence de l'année fuivante.

Si l'on fonge maintenant que le produit des terres confifte feulement en orge & avoine, fans aucune efpèce de fruit; fi l'on fait attention que l'état du Cultivateur eft *main-mortable;* que les droits du Seigneur fur la vente des biens, appelés *lods*, montent au *quart* & même au *tiers* du prix de la vente; que le pays, placé dans les montagnes, eft éloigné des Villes & de toutes les reffources du commerce; fera-t-on furpris d'apprendre, que dans une étendue de plus de *vingt* Paroiffes, il n'y a pas *vingt* Cultivateurs qui puiffent vivre du feul produit de leurs terres?

Cette manière d'impofer & de répartir la Taille, relativement à la *quantité* du terrein, a été tellement fuivie, que j'ai vu un Plan préfenté au dernier Miniftre des Finances,

ces, par lequel, connoiſſant la ſurface de la Province, on évaluoit celle de chaque territoire, & on donnoit le moyen de répartir les impôts à vue d'œil, ſur toute la Province : *de cette manière*, diſoit-on, *perſonne n'aurá à ſe plaindre.* Heureuſement que le Publicain qui raiſonnoit ainſi, n'étoit pas en état d'aſſortir toutes les parties de ſon *Plan;* & qu'il ne le propoſoit que pour tendre un piège à la bonne foi du Miniſtre, & obtenir ce qu'on lui refuſa, la couronne civique, par les marques de l'ordre du Roi.

Revenons à M. Richard. Il eſt poſſible d'aſſujettir les Propriétaires cultivateurs, à faire une déclaration de la valeur de leurs biens; mais il n'eſt pas également poſſible de les aſſujettir à faire une déclaration véritable. Le ſous-ſeing-privé qu'on exige, ſuppoſe de la bonne foi, & ne la donne pas. Et s'il y a ſeulement *un ſeizième* des Cultivateurs, qui faſſe de fauſſes déclarations; comme le Propriétaire & le Locataire ſeroient condamnés chacun à une amende *quadruple* de l'objet du faux. Voilà *deux fois le quadruple du ſeizième* des biens impliqués dans cette tranſgreſſion : ce qui feroit un produit d'amendes égal à *la moitié* des revenus de la France.

Quant à cette partie de la Taille réelle, qui affecteroit les ventes des bois, je comprends que les Greffiers des Eaux & Forêts, pour ne pas courir les riſques de 3000 l. d'amende & d'interdiction, enverroient l'état de ces ventes, tel qu'on le demande, aux Receveurs de la Taille. Mais ſi l'état qu'ils enverroient, ſe trouvoit faux, quelle peine auroient-ils ? Quel moyen d'empêcher que les Propriétaires de bois, partageant le bénéfice avec l'acheteur, ne conviennent avec lui de diviſer le prix de la vente en deux parties; l'une,

C

dont on fera acte pour en envoyer copie au Greffier; & l'autre, à laquelle on donnera la forme d'une dette, par laquelle l'acheteur consent de payer le surplus du billet de déclaration des bois? Comme cet objet fourniroit une matière de fraude indéfinie, il est évident qu'on ne peut pas asseoir un impôt certain sur la vente des bois.

Pour les constitutions des Particuliers; la ruse, toujours ingénieuse, fabriqueroit mille moyens pour empêcher d'en faire parvenir l'état aux Préposés à la recette de la Taille, pour dénaturer les rentes & s'assurer l'intérêt sans s'exposer aux sols pour livre.

A l'égard des rentes sur l'Hôtel-de-Ville, il seroit facile de les imposer d'après l'état qu'en délivreroient les payeurs; & comme l'imposition seroit retenue par leurs mains, il est clair qu'il ne sauroit y avoir de fraude dans cette manutention. Si toutes les autres parties du *Plan économique*, étoient aussi simples que celle-ci, nous espérerions volontiers, avec l'Auteur, que la *machine* iroit *sans frottement*.

Il est juste d'assujettir les Domaines engagés du Roi, à une imposition; mais cette imposition doit-elle être portée au même taux, que celle des biens appartenans aux Cultivateurs par propriété? Je n'oserois le définir. L'Engagiste des Domaines me semble devoir payer un peu moins, parce que le fonds ne lui appartient pas; & s'il payoit autant, il se hâteroit de remettre le Domaine aux mains du Roi, pour devenir Propriétaire.

Ce seroit, dit l'Auteur, un bien pour le Roi, que son revenu fût liquide & *secret*. Tout ce qui est un bien pour le Roi, tourne nécessairement à l'avantage de la Nation. Cependant, qui nous répondra qu'un tel *secret* ne sauroi entraîner des abus? Eft-il fans exemple que l'argent des Finances ait été détourné de fa deftination, malgré que le Roi lui-même, & tant de Cours fouveraines avoient la lifte du produit? Comment une telle déprédation ne furviendroit-elle plus, fi un homme feul avoit en main la lifte des revenus de l'Etat, & la clef des coffres du Roi? Aujourd'hui le choix du Prince devient garant de la fidélité du Miniftre; & l'un faifant revivre *Henri* IV, l'autre nous rend *Sully*. Mais fi, dans la fucceffion des temps, le contraire arrivoit, où feroit le remède?

L'Auteur, en établiffant un *Droit de franchife*, ne donne aucun moyen de le percevoir. Car, comment peut-on comprendre dans un rôle, des gens qui, étant Journaliers & Domeftiques *fans biens*, n'ont point de domicile fixe, changent, les uns d'habitation, les autres de Maître, d'une femaine, & quelquefois d'un jour à l'autre, & font valoir leur induftrie dans toute l'étendue du Royaume? L'Auteur qui fe charge de donner *des éclairciffemens fur chacun des articles en particulier*, n'en donnera jamais qui puiffe réfoudre la difficulté que j'oppofe. Il fuit donc que, quand même le Miniftre, par effai, enverroit des rôles imprimés dans toutes les Généralités; quand même chaque Receveur des Tailles auroit foin de faire remplir celui de fon reffort; & quand même le réfultat du nombre des Sujets taillables, répondroit parfaitement au calcul de l'Auteur, (ce que nous fommes bien loin d'accorder); il fuit, dis-je, que l'état des chofes fe renouvelant fans ceffe, & prenant fans ceffe une face nouvelle, un tel rôle manque par un point effentiel; le moyen d'être payé. Le but du rôle manqué, met l'Auteur en défaut, renverse & détruit toute *l'écono-mie* de fon *Plan*.

Il eſt aiſé de donner des *éclairciſſemens*, je ne dis pas ſur les différens articles d'un ſyſtême mal raiſonné dans ſon enſemble, & défectueux dans toutes ſes parties, mais ſur mille abus relatifs à la Taille & à la connoiſſance qu'en veut prendre le Gouvernement. Ce n'eſt pas dans la capitale qu'il en faut prendre les matériaux; il faut ſe tranſporter au ſein des Campagnes, conſulter l'expérience des Cultiva-teurs, interroger ceux mêmes qui gémiſſent ſous le poids des impôts, approfondir leurs plaintes, les certifier, les comparer, les produire aux yeux de ceux qui les ont fait naître, & porter directement le remède où eſt le mal. De cette ſorte un homme, ami de l'humanité, d'une probité reconnue, verſé dans les affaires, encouragé par le coup-d'œil du Miniſtre, & travaillant pour les intentions du Roi, en parcourant une Province, & prenant des inſtruc-tions ſur les lieux, pour les rédiger dans le Cabinet; pour-roit, en moins d'un mois, préſenter au Miniſtre, dans le ſecret & le ſilence, un état des choſes plus approfondi, plus ſûr & plus intéreſſant que les vains ſyſtêmes des Spé-culateurs & les *éclairciſſemens* des faiſeurs de *Plans éco-nomiques*.

OBSERVATIONS SUR LE PLAN DE RÉGIE.

JE me borne à quelques réflexions, en ſuivant rapidement la matière qui m'entraîne, ſans répéter ſans ceſſe ce que j'ai dit , pour répondre à l'Auteur qui fe répète à chaque inftant.

Eft-ce affez de paffer 4 deniers pour livre aux Collecteurs, pour compter de net & leur tenir lieu des non-valeurs ? Les 4 deniers pour livre font le *foixantième* de la taille. Or , il n'eft aucune partie d'impofition qui fur un objet de 60 écus , n'é-prouve une perte de plus de 3 liv. par fraude , perte , évafion , mort , incendie , impuiffance ou accident quelconque. Je ne fais d'ailleurs , s'il feroit avantageux de paffer quelque chofe aux Collecteurs à cet égard ; car il pouroit en réfulter beau-coup d'inconvéniens. Souvent le Collecteur lui-même feroit le premier objet des *non-valeurs* ; tandis que le pauvre qui , de fait , *ne vaut pas* , feroit encore vexé. J'aimerois mieux ad-mettre une efpèce d'appointement aux Collecteurs , fous une dénomination relative à leur Charge. Parce qu'alors , en cédant , ils céderoient de leur droit , ce qui les rendroit actifs & foigneux ; & en exigeant , s'ils ne rempliffoient pas leur rôle , ils ne fouffriroient point de perte à raifon des *non-valeurs*. D'ailleurs cet appointement feroit un objet peu confidérable , qui rendroit la Charge de Collecteur un peu moins ruineufe.

Il eft impoffible que les Collecteurs des tailles , comptent aux Receveurs de leur reffort , chaque mois , le *douzième* du montant de leurs rôles. Il fuffit pour cela de connoître la campagne , l'économie rurale , & le temps des revenus du produit des terres. Si la taille réelle , en portant fur les biens fonds , pouvoit devenir un objet de *banque* ; rien de mieux calculé , rien de plus aifé , que de tenir chaque mois la balance des revenus & des dettes de l'Etat. Mais le Culti-vateur , riche ou pauvre , qui paye à raifon du *revenu* du produit de fes terres , ne doit payer , & ne paye effectivement que de l'argent qui lui *revient* de ce produit. Le pauvre n'eft jamais en état d'anticiper fon paiement. Le Fermier & le Laboureur, après leur récolte , le Vigneron, au temps de la vente de fes vins, font en état de payer l'impôt, & le font toujours à cette feule époque. Malgré les faifies., & les vexations , il leur feroit fouvent impoffible de le faire dans une autre circonftance. J'ai vu des pays où le village eft arriéré d'une année entière fur l'impofition avec le Collecteur : & le Collecteur eft obligé d'engager fon bien pour faire face au Tréforier dans le temps, & d'épier enfuite la récolte pour faire des faifies , & fe faire rembourfer de fes avances. Comment , dans ces endroits-là, les Cultivateurs payeroient-ils chaque mois le *douzième* de leur quote-part ? Et doit-on attendre cette exactitude *bacale* d'une Régie *économique*.

Si l'on monte autant de *Bureaux* qu'il y a de Généralités, un *Bureau* en fus pour la ville de Paris, & un *Bureau général* pour la vérification des autres ; eft-ce fimplifier le fyftême que de lui donner tant de centres d'activité pour produire un feul mouvement ? N'eft-ce pas un défaut dans notre Gouvernement de toujours créer des *Bureaux*, & de n'en fupprimer jamais ? Et n'eft-il pas à craindre que cette *Bureaumanie* ne devienne enfin une maladie funefte à l'Etat ? On diroit que l'Auteur veut introduire en France une nouvelle forme de Gouvernement, & que d'une *Monarchie* il veut faire une *Bureaucratie*.

Je ne vois pas d'ailleurs qu'un *Bureau général* pour la vérification des autres, foit bien imaginé. Je craindrois peut-être qu'un tel *Bureau*, loin de vérifier les autres, ne couvrît les fautes des autres ; & j'aimerois mieux, en fuivant le *plan* de l'Auteur , qu'on établît pour la vérification des *Bureaux*, une *Chambre des Finances*. Cette *Chambre*, bien compofée, ayant un Préfident à fa tête, fous la direction immédiate du Contrôleur général, feroit le fiége où l'on jugeroit les procès & les griefs, touchant les malverfations dans la répartition & la levée des impôts, & furtout les plaintes portées contre les gens *Buraliftes*, qui prévarique-roient dans leurs fonctions. Je ne fais ici qu'indiquer mon idée; mais cela me paroît plus avantageux, & peut-être plus *économique*, que d'établir un *Bureau général*. Tandis qu'un tel *Bureau* auroit feulement à vérifier des calculs; la *Chambre des Finances* auroit de plus la puiffance de juger; & feroit trembler la rapacité des fubalternes, en affurant le Souverain que l'argent de fes Sujets lui parvient par les mains de la Juftice. Cette *Chambre* foulageroit immenfément le Con-trôleur général dans fon travail; parce que, formant un Corps de plufieurs têtes, elle faifiroit toutes les affaires que lui feul ne peut difcuter par lui-même, & qu'il lui plairoit de livrer à fon examen. Il refteroit au Miniftre des Finances toute fon autorité & la fplendeur de fa place; puifqu'il auroit le coup d'œil de l'enfemble, & qu'elle lui mettroit en main tous les réfultats pour agir avec les autres Miniftres, fuivant les vues du Roi.

J'aime à voir des Douanes établies fur les frontières du Royaume, pour percevoir les droits fur les Marchandifes venant de l'étranger: refte à examiner comment ce droit peut être fixé. J'aime à voir fur-tout, l'abolition des droits d'entrées fur les objets de confommation, tels qu'ils fe per-çoivent dans nos Villes. C'eft un des premiers vices de l'ad-miniftration actuelle qu'il faut déraciner. Pour faire aller le Commerce dans un Etat, il lui faut ôter toutes entraves; & pour *affimiler* tous les Sujets du Roi, il faut anéantir entre eux tout *mur de féparation*. Cette réforme aura fans doute fa place dans la nouvelle Régie. C'eft un à part du *plan économique*.

La *divifion des Claffes* eft, comme nous l'avons démontré, impraticable dans une Monarchie, & impoffible en France; le *Droit de franchife* ne peut monter à 480,700,000 livres, puifque la première Claffe eft incertaine, & puifque le nombre des Sujets des autres Claffes eft précaire; l'impôt entier eft calculé fans fondement & ne doit point être donné comme un réfultat certain. La *Carte par fpéculation*, le *Modèle des Rôles* font des cadres qu'il eft aifé de forger & de remplir. Mais qui répond que ce Tableau *par fpéculation* des richeffes & des productions de la France, fera, en dernière analyfe, femblable à l'état réel des chofes ? Calquer fur ce Tableau la répartition des impôts, & en faire le Thermomètre du Royaume, c'eft fe jeter dans des incertitudes & & adopter des abus. L'impofition de chaque année, étant faite proportionnellement à celle qui précède, produiroit une férie d'erreurs, chaque année plus divergente; & je ne vois pas où feroit fon dernier terme.

OBSERVATIONS SUR LE MODELE DES ROLES.

J'OBSERVE qu'il eft impoffible d'évaluer l'état de tous les *biens fonds par nature*. Une partie de ces *biens* provient d'une *Maifon*, une autre provient d'une *Vigne*, &c. Mais ni la *Maifon*, ni la *Vigne*, ne peuvent être taxées à un prix certain. Cette *Maifon* peut être incendiée, ou tomber en ruine : le propriétaire, taxé par année à 4 fols pour livre, ou

au

au *cinquième* du revenu , devra-t-il encore payer lorſque ſa *Maiſon* ne lui produira rien ? Il ne le peut pas. Alors c'eſt un vuide dans le Rôle , qui abſorbe bien plus que les 4 den. pour livre de non-valeurs. Devra-t-il payer 4 ſols pour livre , au *prorata* du nouveau bail , lorſqu'il aura fait relever ſa *Maiſon ?* Mais il lui eſt avantageux de mettre ſon argent en rente pour ne payer que 2 ſols pour livre ; & bien loin de rétablir ſa *Maiſon* , il la laiſſera ſous la terre. Les 4 ſols pour livre, mis indiſtinctement ſur tous les *biens par nature* , ſont donc un impôt deſtructeur. Si on dit que la *Maiſon* ne payera pas ; voilà un *bien par nature* , qui n'eſt pas ſuſceptible de la taille réelle portée à 4 ſols pour livre. Donc le *Plan* de la taille réelle , qui s'étend indiſtinctement à tous les *biens par nature* , eſt mal conçu.

Quant à la *Vigne* , il eſt très-juſte d'aſſeoir un impôt ſur le produit d'un *bien par nature*, auſſi conſidérable que celui-ci. Mais il ne faut pas entendre avec l'Auteur que ce ſoit la *quantité* , ou le nombre d'*Arpens de vigne* , qui doit ſervir de mode à la taxe. Car étant faite de cette ſorte, par exemple, au mois de Février , pour le premier quartier de l'année, il peut arriver au mois d'Avril une gelée , au mois d'Août une grêle, qui, dans un moment, détruiſe l'eſpérance de l'année. Que deviendra alors le Rôle de l'Auteur, ſi général, ſi ſimple, ſi uniforme ? Il faudra rançonner les cultivateurs & leur ravir encore leurs moiſſons ; voilà la déſolation dans les campagnes. Si on ne les fait pas payer , le rôle n'eſt pas rempli ; & comme ces accidens naturels emportent , année commune , au moins le *quart* de la récolte en vins ; & que le produit de la récolte en vins, peut être conſidéré comme égal à la

D

moitié de la récolte en bled : voilà le *douzième* de la taille réelle néceſſairemenr perdu pour l'Etat. Accordez cela.

L'Auteur dit que, *dans la manutention aĉuelle, il n'eſt pas poſſible d'économiſer ſur les frais de Régie de la Ferme générale ;* & il aſſure que *la machine eſt au dernier degré de perfeĉtion dans toutes ſes parties.* Par quelle raiſon oſe-t-il prononcer ſur cela ? A-t-il parcouru le cercle de tous les poſſibles ſur la *Régie ?*

Il dit que *diminuer le nombre des Commis,* c'eſt *ouvrir la porte à la fraude ;* mais un Bureau de 20 *Commis,* a-t-il plus de bonne foi & de déſintéreſſement, qu'un Bureau de 4 *Commis ?* Ne ſait-on pas que chaque *Commis* tend à faire, & fait réellement ſa fortune dans ſon emploi, & que diminuer les *Commis,* c'eſt diminuer le nombre des fortunes qui s'élevent ſur les frais de *Régie ?* Diminuer le nombre des *Commis,* ce n'eſt donc pas *ouvrir,* mais c'eſt *fermer* la porte à la fraude.

Reprenons & montrons le néant du raiſonnement de l'Auteur. Il dit que *la manutention aĉuelle ne peut être améliorée ;* & dans la même ligne il avoue qu'*elle eſt vicieuſe par les frais exceſſifs qu'elle occaſionne :* il ſuit donc que ce qui eſt *vicieux,* ne peut être *amélioré.* Eſt-ce raiſonner en ſaine Logique ? & cette conſéquence eſt-elle d'un bon *Economiſte ?*

Je paſſe l'indécence de la colonne *minée par pluſieurs ouvertures,* & qui doit *s'écrouler d'elle-même.* Cette colonne eſt la figure de la *manutention aĉuelle :* or la manutention *ne peut être améliorée ;* elle eſt, ſelon l'Auteur, *au dernier degré de perfeĉtion dans toutes ſes parties :* quelle raiſon a-

t-il donc d'en donner pour figure, une colonne *minée*, &
prête à *s'écrouler d'elle-même*? n'est-ce pas la contradiction
la plus frappante & la plus gauche qu'il soit possible d'imprimer?

Je n'ose soupçonner que l'Auteur ait voulu nous faire en-
trevoir dans cette colonne, la figure de l'Empire François,
tel qu'il est aujourd'hui, quoique ce soit la premiere idée
qui s'offre à l'esprit, en voyant cette colonne. Si telle avoit
été l'intention de l'Auteur, il suffiroit pour lui répondre,
de lui opposer cet endroit de son *Plan*, où il dit: *Depuis
un siècle*, la France *est augmentée au-moins d'un tiers, par
les défrichements des terres, les établissemens des manufac-
tures, & autres améliorations que l'on fait journellement:*
En bonne foi, M. Richard, expliquez vous même l'hyéro-
gliphe, soyez conséquent, ou ne raisonnez plus.

D'où l'Auteur sait-il que dans la régie actuelle, *la perte
sur la fraude*, est de 4 s. pour livre? que les *frais pour percevoir*, sont *d'un* sol pour livre, & le *bénéfice des Fermiers*,
de 2 sols? C'est là qu'il falloit un fondement, & ne pas po-
ser une hypothèse faite à plaisir, pour en faire sortir une
disparité choquante. Il falloit nous dire comment il a calculé que la moitié des revenus de l'Etat se fond entre les
mains des particuliers; il falloit ne rien supposer en ma-
tiere aussi grave, mais produire les Registres, raisonner le
titre à la main, démontrer avant de conclure, & ne pas
rendre odieuse la maniere dont il a plu au Gouvernement
de s'assurer les revenus de l'Etat.

Quant à la *manutention nouvelle*, il falloit aussi la démontrer dans toutes ses parties, & nous faire toucher au
doigt cette base solide & sûre, ce fondement stable à ja-

mais, fur lequel il veut pofer une colonne radieufe, en-
tourée de feftons & furmontée de palmes, à la gloire des
Lys.

Nous avons dit que ce n'étoit pas affez de 4 den. pour
livre aux Collecteurs; mais nous difons au contraire, que
c'eft trop d'un fol pour livre, pour les honoraires des Régiffeurs. *Un fol pour liv.*, forme le *vingtième* de l'impôt
annuel, & monte, felon le calcul de l'Auteur, à plus de
40 *millions*. Les Régiffeurs généraux, qu'il appelle *Régiffeurs par économie*, auroient chacun plus *d'un demi million*
par année. Je n'ofe préfenter au Lecteur les réflexions qu'il
doit faire fur un pareil traitement.

C'eft une vérité inconteftable, que toutes les reffources
d'un Royaume font dans la richeffe même de ce Royaume;
autrement on trouveroit des reffources où il n'y auroit pas
de richeffes; ce qui implique. Ce n'eft donc pas un fyftême
plutôt qu'un autre qui fournit, ou crée des reffources dans
un Etat; & le meilleur fyftême eft celui qui conduit à les
trouver dans cet Etat, en gênant le moins qu'il eft poffible, le droit des Sujets.

Je demande, fi c'eft un bien pour le corps de l'Etat,
que les revenus du Roi foient augmentés de *moitié*? cette
nouvelle *moitié*, qui, en bon calcul, feroit le *tiers* de fon
revenu, eft une forte de force nouvelle mife en fes mains;
mais fi elle provenoit d'une perception réelle fur la fomme
des fortunes particulières, je craindrois qu'en faifant pen-
cher la balance de l'Etat, du côté du Prince, cette nouvelle *moitié* n'affoiblît la Nation. S'il étoit poffible, par
exemple, qu'un *plan* d'impofition *décuplât* les revenus du
Roi, je foutiens que ce feroit un très-grand mal pour l'Etat,
de l'adopter : car le revenu du Roi, en devenant ainfi *dix*

fois plus grand, feroit le produit d'une perception *dix fois* plus grande, qui gêneroit néceffairement *dix fois* davantage la fomme des fortunes des particuliers, & reftreindroit dans le même rapport, l'aifance & le commerce de la Nation. La plus grande fplendeur d'un Etat eft, quand cet Etat, confidéré comme tel, exige le moins de dépenfes poffibles, & quand le Prince ne prend pour lui que la force, & laiffe à la Nation toutes fes reffources & toute fon énergie. C'eft donc en diminuant le plus qu'il eft poffible, & en reftreignant dans de juftes bornes les dépenfes néceffaires de l'Etat, qu'on parvient à l'enrichir; & c'eft dans ce fens feul qu'il faut envifager un *plan économique* d'Adminiftration : c'eft pourtant le contraire du fyftême de l'Auteur.

S'il eft vrai que le fyftême d'Adminiftration actuel, fait fortir des mains des Sujets du Roi 12 ou 13 *cens millions* par an; ce feroit affez faire pour la réforme des finances, que de fimplifier les frais de la *Régie* & le *plan* de la manutention actuelle. Comme on fait monter ces frais à la *moitié* du produit des revenus de l'Etat, en laiffant même jufqu'à un *fixième* pour les frais de *Régie*, on déchargeroit les Sujets *d'un tiers*, fans rien changer à la conftitution des chofes. Voilà le premier moyen d'enrichir l'Etat, en foulageant les Sujets,

Ce feroit un bien fans doute, de rendre à la Nation le commerce du *Sel*, mais non point celui du *Tabac*; parce que le *fel* étant un objet de confommation de néceffité première, ne paroît pas de nature à fouffrir plus d'impofition que le bled, dont l'Etat fe nourrit; fauf une certaine reftriction fur la maniere d'en diriger le commerce. Quant au *Tabac*, qui fatisfait un befoin factice, & qui n'eft pas d'ancienne datte, il paroît fufceptible d'impofition plus confidérable. Je ne veux pas examiner s'il n'y auroit pas plus *d'é-conomie* à le prohiber entièremeut.

L'Auteur *obferve* que le libre commerce du *Sel* & du *Tabac* peut occuper 2 *millions* d'ames : or comme il ne fuppofe dans l'Etat que 7 *millions* de Sujets taillabes, ce commerce occuperoit par fon calcul, les *deux feptièmes* des Sujets de l'Etat ; c'eft-à-dire que fur 7 hommes pris au hafard, l'un feroit Marchand de *Sel*, & l'autre Marchand de *Tabac*.

Il avance que le commerce du *Sel* & du *Tabac* fait *périr la vingtième partie des Sujets*. Si cela eft, c'eft le fléau le plus terrible & le plus cruel qui ait jamais défolé la France. Quoi! s'il y a 20 *millions* d'Habitans, il en périt un *million* par la contrebande ! Quel Lecteur fenfé n'a pas vu tomber de fes mains le *Plan Economique*, en lifant de pareilles avances !

Que fignifient ces modèles du produit des dépenfes, dont l'Auteur veut que le Contrôleur-Général faffe chaque année le précis au Roi ? Ce n'eft pas fimplifier l'impofition, la levée & l'emploi des revenus de l'Etat, que de fournir le Régiftre pour y placer les réfultats, lorfqu'ils feront trouvés. Ce n'eft pas à faire le total des fommes employées ou reçues, ni dans la maniere de les difpofer fur 36 pouces quarrés de papier, qu'il y a de la difficulté ; il n'eft aucun de nous, qui à l'âge de 7 ans, n'ait appris à en faire autant d'un Maître d'Ecriture ; & il y a plus que de l'indécence, de répéter une telle leçon à un Miniftre d'Etat. Mais la difficulté gît dans cette immenfité de détails, que chaque réfultat fuppofe ; & l'erreur, dans la manière de vérifier l'état de la recette & celui de la dépenfe. Jamais la prévarication ne fe portera au point, de ne rendre aucune forme de compte ; elle confifte feulement à rendre un compte moins jufte que peu certain ; & c'eft dans ces détours ténébreux que le Reftaurateur des Finances doit porter la lumière, l'ordre & l'équité.

Quant aux dettes de l'Etat, le but d'une fage adminiftration, doit être de les éteindre. Je trouve, à cet égard, l'Etat femblable à un particulier débiteur d'un autre. Ce particulier ne travaille jamais plus fûrement à acquitter fes dettes, qu'en fe retranchant fur les fuperfluités & fur toutes les dépenfes qui feroient un objet de luxe, pour en verfer le produit dans la bourfe du créancier ; ainfi de bonnes loix fur le luxe, qui devenant trop grand dans un Etat, le corrompt & l'affoiblit en l'embelliffant, & l'approche de fa ruine ; de telles loix, dis-je, font le moyen le plus fimple & le plus jufte d'augmenter le produit des perceptions que l'Etat veut confacrer à l'acquittement de fes dettes. Je fais qu'il faut du luxe dans une Monarchie, plus encore que dans une République. C'eft le luxe qui entretient & vivifie le commerce ; mais il eft de la fageffe du Gouvernement, de lui prefcrire des bornes, & de le fubordonner toujours aux objets d'une utilité première. Ainfi le Gouvernement doit protéger plus fpécialement un Laboureur ou un Manufacturier, qu'un Brodeur ou un *Metteur-en-œuvre*; & s'il tolère ceux-ci, il doit récompenfer les autres. Mais tous étant Citoyens d'un même Etat, & Sujets du même Prince ; l'impofition qu'on met fur le produit de leur travail, doit toujours être en raifon inverfe de fon utilité.

Par exemple, quel inconvénient y auroit-il à mettre annuellement 1000 liv. d'impôt fur chaque roue de carroffe, dans toute l'étendue du Royaume ? Un tel *plan* rendroit les Nobles, plus distingués ; les Officiers, plus militaires ; les Bourgeois, moins gentils-hommes ; les Ecclésiastiques, plus religieux ; & tous gens de fortune rendroient à l'Etat une partie de ce qu'ils ont perçu sur l'Etat. Si dans Paris, il y a 10 *mille* carrosses bourgeois, & 10 *mille* carrosses de place, (le nombre des premiers va certainement au-delà) ; voilà 20 *mille* carrosses, & 80 *mille* roues ; ce qui fait 80 *millions* pour l'Etat. Supposons seulement que dans tout le reste du Royaume il y ait encore 20 *mille* carrosses, voilà 160 *millions*, par *spéculation*, sur un seul objet de luxe. Est-ce tout ? Qu'on impose tant par *livrée*, tant par *diamant*, tant par *dorure*, & tant sur tout autre objet de luxe ; on éteindra les dettes de l'Etat ; on convertira les Sujets à des arts utiles ; on abaissera le luxe au niveau des conditions, & l'on rendra à la Nation sa splendeur & sa force.

L'Auteur enfin veut anéantir les privilèges des pays conquis. Jamais de tels privilèges ont-ils excité des réclamations ou des plaintes de la part de ceux qui n'y participent pas ? Si ces privilèges, quels qu'ils soient, ont été établis & accordés avec justice par les Souverains antérieurs, peuvent-ils être anéantis sans injustice ? & n'y a-t-il pas un droit respectif & commun entre le Souverain & les Sujets ? Si des Peuples ont reconnu l'autorité du sceptre, & se sont rangés sous la Domination Françoise, à de certaines exemptions, un Prince qui veut régner par les Loix, doit-il enfreindre ce droit sacré ; & pour rendre tous ses Peuples heureux, doit-il appesantir son sceptre sur leurs têtes, & leur ravir jusques aux dernières marques de leur liberté ?

Un édifice est fondé & appuyé sur 30 colonnes, dont

chacune

chacune a été posée sur un fondement stable. Par la succession des temps, une partie de ces colonnes vient à se déplacer & à s'abaisser en quelque sorte, sous le poids de l'édifice ; pour le rétablir, faut-il abaisser aussi les colonnes qui sont restées à leur place, & ont gardé leur premier équilibre ? Non, il faut rehausser les autres. Voilà l'image de l'Etat.

Telles sont les réflexions que j'ai faites sur le *Plan d'Imposition Economique*; je les soumets aux lumières du Public, & à la décision du Ministre.

GUYÉTAND.

PRIVILÈGE DU ROI.

LOUIS, PAR LA GRACE DE DIEU, ROI DE FRANCE ET DE NAVARRE : A nos amés & féaux Conseillers, les Gens tenans nos Cours de Parlement, Maîtres des Requêtes ordinaires de notre Hôtel, Conseils Supérieurs, Prévôt de Paris, Baillis, Sénéchaux, leurs Lieutenans Civils, & autres nos Justiciers qu'il appartiendra : SALUT. Notre amé le Sieur GUYETAND, Nous a fait exposer qu'il desireroit faire imprimer & donner au Public un Ouvrage intitulé : *Examen raisonné du Plan d'Imposition Economique*, s'il Nous plaisoit lui accorder nos Lettres de Permission pour ce nécessaires, A CES CAUSES, voulant favorablement traiter l'Exposant, Nous lui avons permis & permettons, par ces Présentes, de faire imprimer ledit Ouvrage autant de fois que bon lui semblera, & de le faire vendre & débiter par tout notre Royaume, pendant le temps de six années consécutives, à compter du jour de la date des Présentes. Faisons défenses à tous Imprimeurs, Libraires, & autres personnes, de quelque qualité & condition qu'elles soient, d'en introduire d'impression étrangère, dans aucun lieu de notre obéissance. A la charge que ces Présentes seront enregistrées tout au long sur le Registre de la Communauté des Imprimeurs & Libraires de Paris, dans trois mois de la date d'icelles ; que l'impression dudit Ouvrage sera faite dans notre Royaume, & non ailleurs, en bon papier & beaux caractères ; que l'Impétrant se conformera en tout aux Réglemens de la Librairie, & notamment à celui du 10 Avril 1725, à peine de déchéance de la présente Permission; qu'avant de l'exposer en vente, le Manuscrit qui aura servi de copie à l'impression dudit Ouvrage, sera remis dans le même état où l'Approbation y aura été donnée, ès mains de notre très-cher & féal Chevalier, Garde-des-Sceaux de France, le Sieur HUE DE MIROMENIL; qu'il en sera ensuite remis deux Exemplaires dans notre Bibliothèque publique, un dans celle de notre Château du Louvre, un dans celle de notre très-cher & féal Chevalier, Chancelier de France, le Sieur DE MAUPEOU, & un dans celle dudit Sieur HUE DE MIROMÉNIL, le tout à peine de nullité des Présentes; du contenu desquelles vous mandons & enjoignons de faire jouir ledit Exposant & ses ayans-cause, pleinement & paisiblement, sans souffrir qu'à leur soit fait aucun trouble ou empêchement. Voulons qu'à la copie de ces Présentes, qui sera imprimée tout au long, au commencement ou à la fin dudit Ouvrage, foi soit ajoutée comme à l'original. Commandons au premier notre Huissier ou Sergent sur ce requis, de faire, pour l'exécution d'icelles, tous actes requis & nécessaires, sans demander autre permission, & nonobstant clameur de Haro, Charte Normande, & Lettres à ce contraires : Car tel est notre plaisir. Donné à Versailles le premier jour du mois de Décembre, l'an mil sept cent soixante-quatorze, & de notre Règne le premier. Par le Roi en son Conseil.

Signé LE BEGUE.

Registré sur le Registre XIX de la Chambre Royale & Syndicale des Libraires & Imprimeurs de Paris, N° 3159, fol. 330, conformément au Réglement de 1723, qui fait défenses, art. IV, à toutes personnes, de quelque qualité & condition qu'elles soient, autres que les Libraires & Imprimeurs, de vendre, débiter, faire afficher aucuns Livres pour les vendre en leurs noms, soit qu'ils s'en disent les Auteurs ou autrement, & à la charge de fournir à la susdite Chambre, huit Exemplaires, prescrits par l'article 108 du même Réglement. A Paris, ce 2 Décembre 1774.
Signé SAILLANT, *Syndic.*

APPROBATION.

J'ai lu par ordre de Monseigneur le Garde des sceaux, l'*Examen raisonné* &c. L'Auteur m'a paru avoir senti plusieurs des inconvéniens du Plan qu'il critique; mais le nouvel Impôt qu'il propose, m'a paru bien peu propre à remplir ses vues. Au surplus, je n'ai rien trouvé dans ce Manuscrit qui pût en empêcher l'Impression. Paris, 6 Novembre 1774,

CADET DE SAINEVILLES.